Kinderrechtebildung in der Kita

Theorie und Praxis

Jorina Senger

1. Auflage 2024

Carl Link 2024

Bibliografische Information der Deutschen Nationalbibliothek
Die Deutsche Nationalbibliothek verzeichnet diese Publikation in der Deutschen Nationalbibliografie; detaillierte bibliografische Daten sind im Internet über http://dnb.d-nb.de abrufbar.

www.wolterskluwer-online.de

Umschlagkonzeption: Martina Busch, Grafikdesign, Homburg-Kirrberg
Umschlagfoto: © deagreez – stock.adobe.com
Satz: Datagroup-Int SRL, Timisoara, Romania
Druck und Weiterverarbeitung: Lotos Polifgrafia Sp. o.o.
Wał Miedzeszyński 98, 04-987 Warszawa, Polonia

Gedruckt auf säurefreiem, alterungsbeständigem und chlorfreiem Papier.

Inhaltsverzeichnis

Einführung

Im Jahr 1948 verabschiedeten die Vereinten Nationen die Allgemeine Erklärung der Menschenrechte. Dort heißt es in der Präambel: »Die Anerkennung der angeborenen Würde und der gleichen und unveräußerlichen Rechte aller Mitglieder der Gemeinschaft der Menschen (bildet) die Grundlage von Freiheit, Gerechtigkeit und Frieden in der Welt.« Artikel 1 besagt: »Alle Menschen sind frei und gleich an Würde und Rechten geboren.« Und auch unser Grundgesetz fußt auf dem Gedanken und verfasst in Artikel 1: »Die Würde des Menschen ist unantastbar.«

Menschenrechte haben die Aufgabe die Würde des Menschen zu achten und zu schützen. Sie stehen jedem Menschen von Geburt an zu, sie müssen nicht erst erworben oder verdient werden. Genauso verhält es sich mit den Rechten der Kinder. Kinder sind von Geburt an Träger aller Menschenrechte und damit Erwachsenen gleichgestellt.

Gleichzeitig sind Kinder und Erwachsene aber nicht gleich, denn Kinder entwickeln sich noch und sind als Heranwachsende zu betrachten, was mit einem besonderen Schutz und stärkerer Förderung einhergeht.

Kinderrechten zugrunde liegt die unumstößliche Annahme, dass alle Menschen, egal welchen Alters, Träger von Menschenwürde und durch die Menschenrechte als solche anerkannt und geschützt sind.

Vor diesem Hintergrund – und in einer Gesellschaft, in der 92 % aller Kinder bis zum Schuleintritt in frühkindlichen Bildungseinrichtungen betreut werden (vgl. Statistisches Bundesamt 2023) – sollte das Thema Kinderrechte in die Bildungspläne für Kindertageseinrichtungen und Grundschulen aufgenommen werden. Jedes Kind sollte seine Rechte kennen, denn Kinder, die ihre Rechte kennen und deren Rechte von der Gesellschaft anerkannt und gewahrt werden, sind stärker und können sich besser in die Gesellschaft einbringen.

In der Realität stehen die Rechte der Kinder aber meistens nicht im Mittelpunkt. Kindertageseinrichtungen sollten aber, als Einrichtungen für Kinder, die einen klaren Bildungsauftrag haben, auch deren Wohlergehen in den Mittelpunkt stellen und sich an deren Rechten und Bedürfnissen orientieren.

Damit das gelingt, braucht es neben guten Konzepten, die auch im Alltag gelebt werden, feinfühlige und reflektierte pädagogische Fachkräfte, die es zu ihrer Handlungsmaxime machen, ihr Handeln vom Kind her zu denken, und sich an den globalen Kinderrechten, die in der UN-Kinderrechtskonvention niedergelegt sind, orientieren. »Die Orientierung an den Kinderrechten ist ein unverzichtbarer Baustein guter Qualität pädagogischer Einrichtungen und ein wichtiger Beitrag zu einer wertebasierten Pädagogik« (Maywald 2016, S. 9).

Eine Kindertageseinrichtung, die sich an den Kinderrechten orientiert, bietet Kindern Schutz vor Gewalt und Missbrauch, fördert eine normale Entwicklung und ein gesundes Aufwachsen, schafft Räume zum Ausprobieren, Spielen und Erholen und beteiligt sie altersgemäß an allen sie betreffenden Entscheidungen.

Die hier vorliegende Praxisbroschüre nähert sich dem Thema Kinderrechte und Partizipation von einer theoretischen und einer praktischen Seite. Nach einer historischen und rechtlichen Einordnung beschäftigt sich der praktische Teil mit dem Kinderrechteansatz und seinen

Prinzipien, dem Thema Partizipation und Umsetzungsmöglichkeiten in der Kita, der Rolle der Eltern in diesem Prozess und dem Schutzkonzept als Teil des Schutzauftrages von Kindertageseinrichtungen. Fragebögen, Impulsfragen und praktische Anregungen runden das Thema ab.

Jorina Senger
Februar 2024

1 Kinderrechte – eine theoretische Einführung

Kinderrechte, auch als UN-Kinderrechtskonvention bezeichnet, sind ein internationales Übereinkommen der Vereinten Nationen, das am 20.11.1989 verabschiedet wurde. Es setzt sich dafür ein, dass alle Kinder und Jugendlichen weltweit ihre grundlegenden Rechte und Freiheiten genießen können.

Die Konvention umfasst insgesamt 54 Artikel und deckt verschiedene Aspekte des Kindeswohls ab, wie beispielsweise das Recht auf Bildung, das Recht auf eine Familie, das Recht auf Schutz vor Gewalt und Missbrauch sowie das Recht auf Beteiligung an Entscheidungen die ihr Leben betreffen.

Zu den wichtigsten Prinzipien der Konvention gehören das Recht auf Nichtdiskriminierung, das Recht auf das höchste erreichbare Gesundheitsniveau und das Recht auf eine angemessene Lebensführung.

Die Umsetzung der Kinderrechte ist Aufgabe der Regierungen, die die Konvention unterzeichnet haben. Sie müssen sicherstellen, dass die Rechte der Kinder und Jugendlichen respektiert, geschützt und durchgesetzt werden. Auch die Familien, die Gesellschaft und die Kinder und Jugendlichen selbst sind aufgerufen, sich für die Verwirklichung der Kinderrechte einzusetzen.

1.1 Kurze Geschichte der Kinderrechte

Die Anerkennung des Kindes als eigenständige Persönlichkeit und (Rechts-)Subjekt ist historisch gesehen jung. Erst durch die Aufklärung hat die Entdeckung der Kindheit stattgefunden, die dem Kind das Recht auf eine Kindheit zugestanden hat, ein Lebensabschnitt mit eigenen Bedürfnissen (vgl. Maywald 2014, S. 6):

- Das 20. Jahrhundert wurde zum Jahrhundert des Kindes ausgerufen und reformpädagogische Ansätze sprossen aus dem Boden.
- 1920 gründete die britische Lehrerin Eglantyne Jebb die »International Save the Children Union«, um nach den Erfahrungen des Elends der Kinder im Ersten Weltkrieg die Interessen der Kinder aufzugreifen. Die Children's Charter beinhaltete erste Rechte für Kinder und Schutzverpflichtungen der Erwachsenen gegenüber den Kindern (vgl. Maywald 2016, S. 35).
- Ebendiese übernahm der 1919 gegründete Völkerbund und deklarierte sie 1924 als »Genfer Konvention«. Nach der Auflösung des Völkerbunds 1946 verlor sie ihre Grundlage.
- Im Jahr 1948 wurde von der Generalversammlung der Vereinten Nationen in Paris die »Allgemeine Erklärung der Menschenrechte« verabschiedet.
- Aber erst über die »Deklaration über die Rechte des Kindes«, die 1959 ebenfalls von der UN-Vollversammlung verabschiedet wurde, wurden Kinder erstmals Träger eigener Rechte – auch wenn diese damals noch keine Rechtsverbindlichkeit besaßen.
- 1979 rief die UNO-Generalversammlung das »Internationale Jahr des Kindes« aus.
- 1980 reichte Polen eine Arbeitsgrundlage für eine völkerrechtsverbindliche Kinderrechtskonvention ein, die erst am 20. November 1989 in der 44. Vollversammlung der UN-Vollversammlung als »Konvention über die Rechte des Kindes« einstimmig verabschiedet wurde. Seither wird am 20. November der Weltkindertag gefeiert.

Die Realisierung der Kinderrechte stellt sich aber auch in einem wohlhabenden Land wie Deutschland als langwieriger und schwieriger Prozess dar. Bis heute sind sie nicht Teil des Grundgesetzes. Seit vielen Jahren fordern Kinderschutzverbände die verfassungsrechtliche Verankerung der Kinderrechte im Grundgesetz.

Das Aktionsbündnis, bestehend aus dem Deutschen Kinderhilfswerk, dem Deutschen Kinderschutzbund, UNICEF Deutschland und der Deutschen Liga für das Kind fordert (vgl. Maywald 2016, S. 122):

- Jedes Kind hat das Recht auf Förderung seiner körperlichen und geistigen Fähigkeiten zur bestmöglichen Entfaltung seiner Persönlichkeit.
- Die staatliche Gemeinschaft achtet, schützt und fördert die Rechte des Kindes. Sie unterstützt die Eltern bei ihrem Erziehungsauftrag.
- Jedes Kind hat das Recht auf Beteiligung in Angelegenheiten, die es betreffen. Seine Meinung ist entsprechend seinem Alter und seiner Entwicklung in angemessener Weise zu berücksichtigen.
- Dem Kindeswohl kommt bei allem staatlichen Handeln, das das Recht und Interesse von Kindern berührt, vorrangige Bedeutung zu.

Die Aufnahme der Rechte von Kindern ins Grundgesetz ist schon lange überfällig, denn »es gibt keinen besseren Weg, die Bedeutung der Kinder in unserer Gesellschaft, deren Wert und Wertigkeit endlich klar auszudrücken, als den, ihnen eigene Persönlichkeitsrechte durch das Grundgesetz zu garantieren« (Peschel-Gutzeit 2015, S. 8).

1.2 Rechtsgrundlagen

Während mit der UN-Kinderrechtskonvention erstmals die Rechte der Kinder international und vertraglich festgelegt wurden, auf europäischer Ebene die EU-Grundrechtcharte relevant ist und die Grund- und Menschenrechte der in der Europäischen Union lebenden Menschen definiert, steht auf nationaler Ebene das Grundgesetz über allen anderen deutschen Rechtsnormen (vgl. KIndgeRECHT von Anfang an, S. 7). Jedes Bundesland hat aufgrund des föderalen Aufbaus eine eigene Landesverfassung, die im Einklang mit dem Grundgesetz stehen muss (vgl. ebd.).

Neben dem Bürgerlichen Gesetzbuch (BGB), in dem Rechtsbeziehungen zwischen Bürger*innen geregelt werden und sich auch das Familienrecht und die Regelungen zur elterlichen Sorge wiederfinden, regelt das achte Buch des Sozialgesetzbuches (SGB VIII) bundeseinheitlich die Aufgaben der Kinder- und Jugendhilfe (vgl. KindgeRECHT von Anfang an, S. 8).

In den Ausführungsgesetzen zum SGB VIII eines jeden Bundeslandes finden sich länderspezifische Konkretisierungen und Ergänzungen zum Beispiel zum Förderauftrag, zur Beteiligung der Familie, zum Kinderschutz, zur Erteilung der Erlaubnis für den Betrieb einer Einrichtung und zu strukturellen Aspekten in der Kindertagesbetreuung (vgl. ebd).

1.2.1 Rechte des Kindes

Die UN-Kinderrechtskonvention enthält die Rechte des Kindes. Als Kind gilt dabei, gemäß Artikel 1 KRK, jeder Mensch, der das 18. Lebensjahr noch nicht vollendet hat. Ziel der Kinderrechtskonvention, die in 54 Artikeln völkerrechtlich verbindliche Mindeststandards setzt, ist »weltweit die Würde, das Überleben und die Entwicklung von Kindern (…) sicherzustellen« (Maywald 2014, S. 95). Die wichtigsten, als Allgemeine Prinzipien definierten, Rechte für Kinder (General Principles), finden sich in den Artikeln 2, 3, 6 und 12:

Artikel 3

Artikel 3 bildet das Dach des Gebäudes und umfasst den Vorrang des Kindeswohls, der besagt: »Bei allen Maßnahmen, die Kinder betreffen, gleichviel ob sie von öffentlichen oder privaten Einrichtungen der privaten

Fürsorge, Gerichten, Verwaltungsbehörden oder Gesetzgebungsorganen getroffen werden, ist das Wohl des Kindes ein Gesichtspunkt, der vorrangig zu berücksichtigen ist« (Artikel 3 KRK).

Artikel 2

In Artikel 2 ist ein Diskriminierungsverbot festgeschrieben. Es legt fest, dass kein Kind aufgrund seiner Hautfarbe, Geschlecht, Sprache, Religion, politischer oder sonstiger Anschauung, nationaler, ethnischer oder sozialer Herkunft, Vermögen, Behinderung, Geburt oder sonstigen Status des Kindes, seiner Eltern oder seines Vormunds diskriminiert werden darf.

Artikel 6

In Artikel 6 erkennen die Vertragsstaaten das grundsätzliche Recht auf Leben an. Im zweiten Absatz verpflichten sie sich in größtmöglichem Umfang das Überleben und die Entwicklung des Kindes zu gewährleisten.

Artikel 12

Artikel 12 sichert die Berücksichtigung des Kindeswillens und das Recht, sich eine eigene Meinung zu bilden sowie diese Meinung frei zu äußern. Darüber hinaus versichern sie, die Meinung des Kindes angemessen und entsprechend seinem Alter und seiner Reife zu berücksichtigen.

Alle weiteren formulierten Rechte lassen sich nach Schutzrechten (Protection), Förderrechten (Provision) und Beteiligungsrechten (Participation) unterscheiden.

In diesem Zusammenhang sollen zum einen die den Förderrechten zugeordneten *Artikel 28* »Recht auf Bildung« und *Artikel 31* »Recht auf Spiel« und zum anderen die den Beteiligungsrechten zugeordneten *Artikel 12* »Recht auf Berücksichtigung des Kindeswillens und freie Meinungsäußerung«, *Artikel 13* »Recht auf Informationsbeschaffung und Informationsweitergabe« und *Artikel 17* »Recht auf Nutzung der Medien« als bedeutsam hervorgehoben werden.

Das Fundament des Gebäudes (Artikel 1, 4, 42, 44) bilden grundsätzliche Regelungen zur Umsetzung der Kinderrechte.

Dazu gehören unter anderem die vollständige Anerkennung der UN-Kinderrechtskonvention, die vorbehaltlos für jedes in Deutschland lebende Kind gilt, und die Verpflichtung, dem UN-Ausschuss in Genf alle fünf Jahre einen Bericht vorzulegen, der über Maßnahmen und Hindernisse bei der Verwirklichung der Kinderrechte berichtet. Als besonders wichtig ist die in *Artikel 42* enthaltene Verpflichtung zu erachten, die besagt, dass die Vertragsstaaten »die Grundsätze und Bestimmungen dieses Übereinkommens durch geeignete und wirksame Maßnahmen bei Erwachsenen und auch bei Kindern allgemein bekannt machen.« Das Ziel sollte sein, alle Menschen zu befähigen, eine Kultur der Menschrechte mitzugestalten.

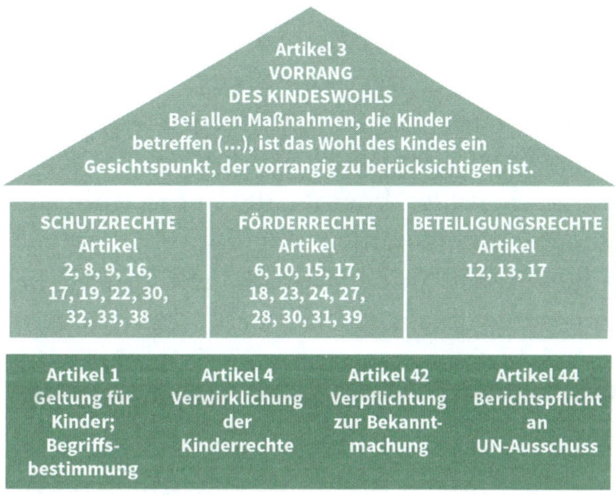

Abb. 1: Das Gebäude der Kinderrechte.
Quelle: National Coalition Deutschland.

Kinderrechte gelten als Menschenrechte und somit muss der Staat Verantwortung dafür übernehmen, dass diese Rechte auch eingehalten werden – in Form von Achtungs-, Schutz- und Gewährleistungspflicht. Der Staat hat sich damit verpflichtet, Kinderrechte zu beachten, sie zu schützen, indem er Verletzungen der Kinderrechte verhindert und sanktioniert, und er muss dafür Sorge tragen, dass Rahmenbedingungen entstehen, die die wirksame Ausübung der Kinderrechte möglich machen. Als »Staat« werden dabei nicht nur Gesetzgeber, Verwaltung oder Gerichte verstanden, sondern alle Personen, die im staatlichen Auftrag tätig werden, dazu gehören auch pädagogische Fachkräfte in staatlichen Einrichtungen.

Gemäß dem Grundgesetz der Bundesrepublik Deutschland ist jeder Mensch von Geburt an Träger der Grundrechte und Rechtssubjekt. Das Grundgesetz kennt keine Mindestaltersgrenze für den Erhalt von Grundrechten. Dafür steht Artikel 1 Abs. 1 GG:

»Die Würde des Menschen ist unantastbar. Sie zu achten und zu schützen ist Verpflichtung aller staatlicher Gewalt.«

Weiterhin zählt zum Grundbestand an unverletzlichen und unveräußerlichen Menschenrechten das Recht auf Leben und körperliche Unversehrtheit (Art. 2 GG) und die prinzipielle Freiheit und Gleichheit (Art. 3 GG). Niemand darf also »wegen seines Geschlechtes, seiner Abstammung [...], seiner Sprache, seiner Heimat und Herkunft, seines Glaubens, seiner religiösen oder politischen Anschauungen benachteiligt oder bevorzugt werden. Diese Rechte bestehen für jeden Menschen unabhängig vom Alter, somit auch für Kinder.« (vgl. KindgeRECHT von Anfang an, S. 17)

Als Grundlage für die verfassungsrechtliche Beurteilung der Rechtsbeziehung zwischen Eltern, Kindern und Staat gilt Art. 6 Abs. 2 GG:

»Pflege und Erziehung der Kinder sind das natürliche Recht der Eltern und die zuvörderst ihnen obliegende Pflicht. Über ihre Betätigung wacht die staatliche Gemeinschaft.«

Das Bürgerliche Gesetzbuch (BGB), das die direkte Rechtsbeziehung zwischen Eltern bzw. Sorgeberechtigten und Kindern im Rahmen der elterlichen Sorge noch einmal konkretisiert, regelt § 1626 Abs. 2 Satz 1:

»Bei der Pflege und Erziehung berücksichtigen die Eltern die wachsende Fähigkeit und das wachsende Bedürfnis des Kindes zu selbstständigem verantwortungsbewusstem Handeln. Sie besprechen mit dem Kind, soweit es nach dessen Entwicklungsstand angezeigt ist, Fragen der elterlichen Sorge und streben Einvernehmen an.«

Kinder haben das Recht auf eine gewaltfreie Erziehung. § 1631 Abs. 2:

»Kinder haben ein Recht auf gewaltfreie Erziehung. Körperliche Bestrafungen seelische Verletzungen und andere entwürdigende Maßnahmen sind unzulässig.«

Passiert dies dennoch, besteht von Seiten des Kindes das Recht gegenüber dem Staat auf Schutz vor Gewalt und Misshandlung. In diesem Fall ist die Kinder- und Jugendhilfe verpflichtet, der Familie Lösungswege für Konflikte aufzuzeigen. Ist Gefahr für das Kind nicht abwendbar, darf der Staat das Kind in Obhut nehmen und den Eltern als letzten Schritt die elterliche Sorge entziehen.

Hinweis

Im Kinder- und Jugendhilfegesetz SGB VIII werden die Rechte des Kindes gegenüber der Kinder- und Jugendhilfe geregelt. Aufgabe der Kinder- und Jugendhilfe ist, den Rechten des Kindes zur Verwirklichung zu verhelfen und sich für positive Lebensbedingungen für Kinder und Familien einzusetzen. (vgl. KindgeRECHT von Anfang an, S. 20)

§ 1 Abs. 1 beschreibt das Recht des Kindes auf Förderung:

»Jeder junge Mensch hat ein Recht auf Förderung seiner Entwicklung und auf Erziehung zu einer eigenverantwortlichen und gemeinschaftsfähigen Persönlichkeit.«

Dazu gehört auch, dass jedes Kind die Möglichkeit erhält, eine Kindertageseinrichtung zu besuchen.

Die Kinder- und Jugendhilfe hat die Aufgabe, dem Bedürfnis von Kindern und Jugendlichen nach Gestaltung und Mitbestimmung nachzukommen. § 8 legt fest:

»Kinder und Jugendlich sind entsprechend ihrem Entwicklungsstand an allen sie betreffenden Entscheidungen der öffentlichen Jugendhilfe zu beteiligen.«

1.2.2 Rechte und Pflichten der Eltern

In den UN-KRK sind neben den Rechten des Kindes auch die Rechte der Eltern geregelt. Sie sind vorrangig für ihr Kind verantwortlich. Art. 5 besagt:

»Die Vertragsstaaten achten die Aufgaben, Rechte und Pflichten der Eltern (...), das Kind bei der Ausübung der in diesem Übereinkommen anerkannte Rechte in seiner Entwicklung entsprechenden Weise angemessen zu leiten und zu führen.«

Das Grundgesetz der Bundesrepublik Deutschland regelt das Verhältnis von Kindern, Eltern und Staat. Eltern haben das Recht zur Erziehung und Pflege ihres Kindes. Art. 6 Abs. 2 legt fest:

»Pflege und Erziehung der Kinder sind das natürliche Recht der Eltern und die zuvörderst ihnen obliegende Pflicht. Über ihre Betätigung wacht die staatliche Gemeinschaft.«

Dieses Recht der Eltern »begründet sich in der Erziehung- und Schutzbedürftigkeit des Kindes und ist verbunden mit der Pflicht der Eltern, dem Kind Schutz und Unterstützung zu bieten«. (vgl. KindgeRECHT von Anfang an, S. 23)

Dem gegenüber steht das Selbstbestimmungsrecht eines jeden Kindes, das mit zunehmendem Alter das Erziehungsrecht der Eltern immer stärker begrenzt.

Das Bürgerliche Gesetzbuch (BGB) konkretisiert das Elternrecht aus dem Grundgesetz noch. Hierzugehört zum Beispiel § 1631 Abs. 2 BGB, der körperliche Bestrafung und seelische Verletzungen verbietet. Im Gegensatz zur Schulpflicht, die im Grundgesetz ebenfalls geregelt ist (Art. 7 Abs. 1 GG) besteht keine Pflicht zur Inanspruchnahme einer frühen Fremdbetreuung. Dies ist Eltern freigestellt.

1.2.3 Regelungen für die Tagesbetreuung

In der Kindertagesbetreuung ist Art. 18 Abs. 2 der UN-KRK relevant, da dieser die Vertragsstaaten dazu verpflichtet, die Eltern bei der Erfüllung ihrer Aufgaben zu unterstützen und für den Ausbau von Institutionen, Einrichtungen und Diensten für die Betreuung von Kindern zu sorgen. (vgl. KindgeRECHT von Anfang an, S. 26)

In Art. 18 Abs. 3 werden die Vertragsstaaten dazu verpflichtet *»alle geeigneten Maßnahmen zu treffen, um sicherzustellen, dass Kinder berufstätiger Eltern das Recht und die Möglichkeiten haben, die für sie in Betracht kommenden Kinderbetreuungsdienste und -einrichtungen zu nutzen.«*

Weiterhin müssen die Vertragsstaaten das Recht des Kindes auf Ruhe und Freizeit, auf Spiel, auf altersgemäße aktive Erholung sowie auf freie Teilnahme am Kulturellen und Künstlerischen fördern (Art. 31 Abs. 1).

Da Kindertageseinrichtungen und Kindertagespflege, sofern sie öffentlich sind, Einrichtungen der Kinder- und Jugendhilfe sind, regelt hier das SGB VIII. Abs. 1 besagt, dass jeder junge Mensch ein Recht auf Förderung seiner Entwicklung hat. Somit ist die Jugendhilfe verpflichtet, junge Menschen in ihrer sozialen und individuellen Entwicklung zu unterstützen. Auch wenn die öffentliche Jugendhilfe keinen eigenen Erziehungsauftrag hat, da dieser den Eltern obliegt, muss sie die Eltern hierin unterstützen.

§ 22 Abs. 2 SGB VIII regelt:

»Tageseinrichtungen für Kinder und Kindertagespflege sollen

1. die Entwicklung des Kindes zu einer eigenverantwortlichen und gemeinschaftsfähigen Person fördern,
2. die Erziehung und Bildung in der Familie unterstützen und ergänzen,
3. den Eltern dabei helfen, Erwerbstätigkeit und Kindererziehung besser miteinander vereinbaren zu können.«

Weiterhin müssen die Träger sicherstellen, dass die Fachkräfte »*mit den Erziehungsberechtigten zum Wohl der Kinder und zur Sicherung der Kontinuität des Erziehungsprozesses*« zusammenarbeiten (§ 22a, Abs. 2 Satz 1, Satz 2 SGB VIII).

2 Umsetzung in der Praxis

Im Jahr 2012 trat das Bundeskinderschutzgesetz in Kraft und seitdem sind Kitas dazu verpflichtet, Beteiligungsmöglichkeiten für Kinder zu gewährleisten, so dass das Recht der Kinder auf Partizipation gestärkt wird. Das Bemühen, Partizipation und Kinderrechte in Kitas zu verankern, ist in vielen Kitas zu erkennen – die meisten Einrichtungen bieten Morgenkreise oder Kinderkonferenzen an, in denen Kinder selbständig und interessengeleitet entscheiden können. Andere Konzepte gehen noch weiter und bieten keine klassischen Angebote, sondern sogenannte Impulse an, die aufbauend auf Beobachtungen angeboten werden und in denen Kinder den Verlauf maßgeblich selbst gestalten dürfen.

Dennoch ist das Thema Kinderrechte in den meisten pädagogischen Konzepten nicht explizit verankert.

Die Umsetzung von Kinderrechten findet auf drei Ebenen statt:

- Zum einen müssen Rahmenbedingungen gegeben sein, die das Thema Kinderrechte konkret aufgreifen und als Teil der pädagogischen Arbeit verstehen. Dazu gehören sowohl strukturelle und personelle Bedingungen als auch ein entsprechend konzeptioneller Rahmen.
- Die zweite Ebene umfasst die individuelle Ebene der Fachkraft. Diese muss sich in ihrer eigenen Rolle reflektieren, die auch eine kindgerechte Haltung und das Bild vom Kind beinhaltet.
- Die dritte Ebene ist die Ebene der Pädagogik und wie diese konkret im Alltag umgesetzt werden kann. Hier müssen Fragen gestellt werden, wie Kinderrechte konkret erfahrbar gemacht werden können (vgl. kindergarten heute 2018, S. 7).

Ein Konzept stellt die »Kinderstube der Demokratie« dar. Sie unterscheidet zwei Beteiligungsformen von Kindern im Kita-Alltag: repräsentative und offene Formen der Beteiligung als institutionalisierte Beteiligungsformen und projektorientierte Beteiligungsformen.

- Offene Formen der Beteiligung sind z.B. Kinderkonferenzen, in denen alle Kinder der Einrichtung beteiligt werden bzw. die repräsentative Form umfasst eine kleine Gruppe von Kindern, die stellvertretend für alle Kinder berät und entscheidet, z.B. in Kinderparlamenten.
- Projektorientierte Formen der Beteiligung umfassen Verfahren, in denen einzelne Themen in einem Partizipationsprozess gemeinsam bearbeitet werden. Die Projekte sind thematisch und zeitlich begrenzt und werden mit einem Ergebnis abgeschlossen (vgl. Hansen, Knauer, Sturzenhecker 2015, S. 60 f).

2.1 Der Kinderrechteansatz

Der Kinderrechteansatz bezieht sich auf die Idee, dass Kinder spezifische Rechte haben und diese von Erwachsenen und der Gesellschaft respektiert und geschützt werden sollten. Der Ansatz geht davon aus, dass Kinder als eigenständige Persönlichkeiten anerkannt werden sollen, die ihre eigenen Bedürfnisse und Interessen haben.

Der Kinderrechteansatz basiert auf der UN-Kinderrechtskonvention, die 1989 von den Vereinten Nationen verabschiedet wurde und die grundlegenden Rechte von Kindern definiert. Diese Rechte umfassen unter anderem das Recht auf Bildung, das Recht auf Schutz vor Gewalt und Diskriminierung, das Recht auf Gesundheitsversorgung und das Recht auf Beteiligung an Entscheidungen, die sie betreffen.

Der Kinderrechteansatz bezieht sich auf die Idee, dass Kinder nicht nur Objekte von Fürsorge und Schutz durch Erwachsenen sind, sondern auch aktive Subjekte, die Rechte haben und diese ausüben können sollten.

Weiterhin betont er die Bedeutung von Kindern als eigenständige Persönlichkeiten, die eine aktive Rolle in ihrer eigenen Entwicklung und in der Gesellschaft spielen sollten. Er fordert, dass Kinder in Entscheidungsprozesse einbezogen werden, die ihr Leben betreffen, und dass ihre Interessen und Bedürfnisse berücksichtigt werden.

Der Kinderrechteansatz hat weitreichende Konsequenzen für die Gestaltung von Gesellschaft und Politik. Er fordert eine Änderung des traditionellen Verständnisses von Kindern als passiven Empfängern von Schutz und Fürsorge durch Erwachsene hin zu einem Verständnis von Kindern als aktiven Teilnehmern in der Gesellschaft, die ihre eigenen Rechte und Interessen haben und gehört werden sollten.

Hinweis

Prinzipien

Die Anerkennung von Kindern als Träger eigener Rechte hat zwingend zur Folge, sich mit dem eigenen Handeln, aber auch mit dem pädagogischen Leitbild von Organisationen, zu befassen. Das Ziel sollte sein, konsequent vom Kind aus zu denken und zu handeln.

Weiterhin ist Ziel des Ansatzes, dass jedes Kind darauf vertrauen kann, dass seine Rechte in der Kita respektiert und umgesetzt werden (vgl. Maywald 2016, S. 28).

Der Kinderrechteansatz basiert dabei auf vier Prinzipien (vgl. Maywal 2016, S. 29):

- *Universalität*: Alle Kinder sind hinsichtlich ihrer Rechte gleich.
- *Unteilbarkeit*: Alle Rechte, die Kindern zustehen, sind gleich wichtig und untrennbar miteinander verbunden.
- *Kinder als Rechtsträger*: Kinder sind sogenannte right holders. Ihre Rechte müssen nicht erworben oder verdient werden. Sie stehen ihnen allein deshalb zu, weil sie Kind sind.
- *Erwachsene als Verantwortungsträger*: Das Prinzip der Kinder als Träger ihrer eigenen Rechte geht mit der Pflicht der Erwachsenen einher, Verantwortung für die Umsetzung der Kinderrechte zu übernehmen.

Kennzeichnend für den Kinderrechteansatz ist neben den vier Prinzipien auch, dass er nach den Bedürfnissen, aber auch nach den Rechten der Kinder auf Schutz, Förderung und Beteiligung fragt.

2.1.1 Needs-Based Approach vs. Rights-Based Approach

Die Kinderrechtsorganisation »International Save the Children Alliance« hat den Bedürfnis-Ansatz (Need-based Approach) dem Rechte-Ansatz (Rights-Based Approach) gegenübergestellt (vgl. Maywald 2016, S. 30).

Bedürfnisse von Kindern sind subjektiv und situationsabhängig. Gute pädagogische Arbeit soll sich selbstverständlich auch an den Bedürfnissen von Kindern orientieren. Gleichwohl müssen sich Kitas auch daran messen lassen, inwieweit sie die Rechte von Kindern, als objektive und situationsunabhängige Ansprüche, in ihrem Alltag umsetzen.

Kitas übernehmen auch an dieser Stelle eine große Verantwortung, denn das Erleben der Kinder in ihrem Alltag auch in Bezug auf ihre Rechte und ihre Mitbestimmungsmöglichkeiten prägen das Kind und haben großen Einfluss darauf, welches Bild das Kind von sich selbst hat, aber auch, inwieweit es sich als aktives Mitglied einer Gemeinschaft fühlt.

Bedürfnis-Ansatz (Needs-Based Approach)	Rechte-Ansatz (Rights-Based Approach)
private Wohltätigkeit	politische, moralische und gesetzliche Verpflichtung
Freiwilligkeit	Verbindlichkeit
Wohlfahrt, Almosen, Wohltätigkeit	gesetzlicher Anspruch garantiert Gerechtigkeit, Gleichheit, Freiheit
an Symptomen orientiert	an Ursachen orientiert
auf Teilziele bezogen	auf vollständige Umsetzung bezogen
Hierarchie der Bedürfnisse: einige Bedürfnisse sind wichtiger (z. B. Nahrung vor Bildung)	Unteilbarkeit der Rechte: alle Rechte sind gleich wichtig
Bedürfnisse sind je nach Situation verschieden	Rechte sind universell
Bereitstellung von Diensten	Träger von Rechten werden ermächtigt, ihre Rechte einzufordern (Empowering)
Festlegung von Bedürfnissen ist subjektiv	Rechte basieren auf internationalen Standards
Kurzzeitperspektive	Langzeitperspektive
Bereitstellung von Angeboten	Bewusstseinsbildung
spezifische Projekte mit spezifischen Zielgruppen	ganzheitlicher Ansatz
Kinder erhalten Hilfe	Kinder haben Anspruch auf Hilfe
Regierungen sollten etwas tun, aber niemand hat eindeutige Verpflichtungen	Regierungen haben verbindliche gesetzliche und moralische Verpflichtungen
Kinder können sich beteiligen, um die Angebote zu verbessern	Kinder haben ein Recht auf aktive Beteiligung
aufgrund knapper Mittel bleiben manche Kinder außen vor	alle Kinder haben das gleiche Recht, ihre Potentiale auszuschöpfen
jeder Arbeitsbereich hat sein eigenes Ziel, ohne dass ein übergreifendes Ziel existiert	es existiert ein übergreifendes Ziel, auf das alle Bereiche bezogen sind
bestimmte Gruppen verfügen über technische Fertigkeiten, mit Kindern umzugehen	alle Erwachsenen (und alle Kinder) können dazu beitragen, die Rechte von Kindern umzusetzen

(Maywald 2016, S. 30/31)

2.1.2 Kinderrechte in der Kita – eine Checkliste

Kinderrechte in der Kita – eine Checkliste			
	ja	nein	geplant
Im Leitbild des Trägers ist die Bekennung zu den Kinderrechten und dem Kinderschutzkonzept verankert.			
Im Pädagogischen Konzept der Einrichtung wird ausdrücklich Bezug zum institutionellen Kinderschutz genommen.			
Die Einrichtung verfügt über ein Kinderschutzkonzept.			
Allen Mitarbeitenden ist das Schutzkonzept bekannt und steht sowohl digital als auch ausgedruckt zur Verfügung.			
Der § 8a SGB VIII (Schutzauftrag bei Kindeswohlgefährdung) und die damit verbundenen Verfahrensabläufe und Zuständigkeiten sind allen Mitarbeiter*innen der Einrichtung bekannt.			
Die Einrichtung kooperiert mit dem Jugendamt/ Kinderschutzbund und kennt ihre Ansprechpartner*innen.			

Kinderrechte in der Kita – eine Checkliste			
	ja	nein	geplant
Bei Bekanntwerden von Anhaltspunkten für die Gefährdung eines Kindes wird bei der Gefährdungseinschätzung eine insofern erfahrene Fachkraft hinzugezogen.			
Der Einrichtungsleitung ist ihre Pflicht zur Meldung von Ereignissen (§47 SGB VIII) bekannt.			
Alle in der Einrichtung tätigen Mitarbeitenden legen bei Arbeitsantritt ihr erweitertes Führungszeugnis vor (auch Praktikant*innen).			
Die Kita verfügt über einen Verhaltenskodex/ Selbstverpflichtungserklärung, in dem sich die Mitarbeiter*innen der Kita zu einem am Wohl und Schutz der Kinder ausgerichteten Verhalten, bekennen.			
In Einstellungsgesprächen wird das Thema Kinderschutz und Kinderrechte und die damit verbundene Verantwortung jedes Mitarbeitenden benannt.			
In regelmäßigen Abständen wird das Thema Kinderschutz in Teamsitzungen zum Thema gemacht und reflektiert.			

2.2 Partizipation als ein Baustein von Kinderrechtebildung

Als staatlich organisierte, institutionelle Bildungseinrichtungen sind Kindertageseinrichtungen dem gesetzlichen Förderungs- und Bildungsauftrag verpflichtet – und dieser ist geltendes Kinderrecht. Fraglich ist dabei, wie sich dieser Anspruch an frühkindliche Bildung mit der Beteiligung von Kindern im Kita-Alltag vereinbaren lassen. Wo finden sich im durchstrukturierten Alltag mit dem Anspruch den Bildungsplänen der Länder gerecht zu werden, die Bedürfnisse der Kinder wieder und wo ist Platz für Mitspracherecht in der Ausgestaltung?

Partizipation setzt voraus, dass Kinder in ihrer Persönlichkeit und als Träger*innen von Menschenrechten anerkannt und ernstgenommen werden.

Grundsätzlich ist bei dem Thema Partizipation zwischen Selbstbestimmungsrecht und Mitbestimmungsrecht zu unterscheiden. Während das Selbstbestimmungsrecht das eigene Leben betrifft, zum Beispiel das Schlafbedürfnis, das Nähe- und Distanzbedürfnis zu anderen Menschen, geht es beim Mitbestimmungsrecht um das Leben innerhalb der Gemeinschaft, also wie gestalten wir als Gruppe den Morgenkreis, die Kinderkonferenz oder den Tagesablauf, das Abschlussfest, die Verabschiedungen, etc.

Wer sich mit dem Thema Beteiligung von Kindern auseinandersetzt, sieht sich sehr schnell mit dem Thema Macht konfrontiert. In dem Moment, in dem ich Kindern mehr Macht zuspreche, muss ich bereit sein, ein Stück auf meine eigene Macht zu verzichten. Die Aufgabe der pädagogischen Fachkraft ist es, ihre Macht mit den Kindern zu teilen. Pädagogik gestaltet sich zwischen der Freiheit des Kindes und der Verantwortung der Erwachsenen und muss jederzeit ausgehend von den Rechten und Bedürfnissen gedacht werden (vgl. Rehmann 2018).

Kinder sind Expert*innen ihrer eigenen Lebenswelt und sollten in alle sie betreffenden Entscheidungen eingebunden und diesbezüglich angehört werden. Die Beteiligung ist nicht nur geltendes Kinderrecht, sie ist auch eines der wichtigsten Instrumente des Kinderschutzes.

Die UN-Kinderrechtskonvention formuliert klare Beteiligungsrechte, so zum Beispiel in Artikel 12 die Berücksichtigung der Meinung des Kindes und das Recht auf freie Meinungsäußerung in Artikel 13.

Praxistipp

Reflexionsfragen an das Team:

- Welche Entscheidungen werden täglich getroffen, welche möchten wir grundsätzlich treffen?
- Werden tägliche Abläufe zur Diskussion gestellt?
- Wie läuft der Entscheidungsprozess ab?
- Wer ist an dem Prozess beteiligt?
- Integrieren wir alle betroffenen Personen, auf die die Entscheidung eine Auswirkung hat?
- Wo dürfen Kinder im Alltag mitbestimmen und wo sind Grenzen?
- Wie werden Kinder über Abläufe und Planungen informiert?
- Wo können sich Kinder im Alltag beschweren?
- Werden Entscheidungsprozesse transparent und damit für Kinder nachvollziehbar gemacht?

2.2.1 Partizipation in der Kita – eine Checkliste

Begrüßung und Verabschiedung			
	ja	nicht genug	nein
Kinder in der Kita dürfen selbst darüber entscheiden wie sie begrüßt und verabschiedet werden möchten (z.B. Handschlag, Umarmung, nur verbal).			
Kinder dürfen über Nähe und Distanz zu anderen Menschen in der Kita selbst bestimmen.			

Essenssituation			
	ja	nicht genug	nein
Kinder dürfen ihren Platz am Tisch frei wählen und selbst darüber bestimmen, wer neben ihnen sitzen darf.			
Kinder dürfen selbst entscheiden was und wieviel sie essen möchten.			
Kinder dürfen sich das Essen selbst nehmen.			
Kinder dürfen über das Thema der Tischgespräche mitbestimmen.			
Kinder sind bei der Auswahl der Speisen und Getränke beteiligt.			

Hygienesituation			
	ja	nicht genug	nein
Wickelkinder dürfen selbst entscheiden, wer sie wickeln darf.			
Wickelkinder haben das Recht mitzubestimmen, wann sie gewickelt werden möchten.			
Toilettenkinder dürfen wählen, wer ihnen beim Toilettenganz behilflich ist.			

Kleiderordnung			
	ja	nicht genug	nein
Kinder dürfen mitentscheiden, was sie anziehen möchten.			
Kinder dürfen entscheiden, ob sie Hilfe brauchen oder ob sie sich allein an- und ausziehen.			

Schlafsituation			
	ja	nicht genug	nein
Kinder dürfen wählen, wie sie in den Schlaf begleitet werden möchten.			
Kinder dürfen entscheiden, wer sie in den Schlaf begleitet.			
Kinder dürfen gemäß ihrem Bedürfnis so lange schlafen, wie sie es brauchen.			

Beteiligungsverfahren			
	ja	nicht genug	nein
Kinder dürfen darüber mitentscheiden, was sie an dem Tag in der Kita machen dürfen und wo sie spielen möchten.			
Kinder haben die Wahl, an welchem Angebot sie sich beteiligen möchten.			
Kinder dürfen den Morgenkreis/die Kinderkonferenz mitgestalten.			
Es gibt ein Gremium der Kinder (z.B. Kinderparlament), in denen sie über sie betreffende Entscheidungen in der Kita informiert und altersangemessen beteiligt werden.			

Feste und Ausflüge			
	ja	nicht genug	nein
Kinder werden in die inhaltlichen und organisatorischen Planungen von Festen und Ausflügen einbezogen und dürfen mitbestimmen.			
Kinder dürfen selbst darüber bestimmen, wie sie ihren Geburtstag in der Kita feiern möchten.			
Kinder bestimmen selbst darüber, ob sie an Aufführungen in der Kita beteiligt sein möchten.			

Rückzugsorte			
	ja	nicht genug	nein
Kinder haben die Möglichkeit sich räumlich zurückzuziehen.			
Kinder dürfen ihre Privatsphäre leben.			

Regeln und Grenzen			
	ja	nicht genug	nein
Kinder dürfen über die Regeln und Grenzen des Zusammenlebens in der Kita mitbestimmen.			
Kinder dürfen Grenzen und Regeln in Frage stellen.			

Alltagsfragen			
	ja	nicht genug	nein
Kinder dürfen über neue Anschaffungen in der Kita mitbestimmen.			
Kinder werden bei räumlichen Veränderungen mit ihrer Meinung und ihren Ideen berücksichtigt.			
In inhaltliche Gestaltungen von pädagogischen Angeboten werden Kinder miteinbezogen.			
Die Gestaltung des Tagesablaufs ist auch Aufgabe der Kinder.			

Beschwerdeverfahren			
	ja	nicht genug	nein
Kinder haben das Recht sich über alles sie Betreffende zu beschweren, dazu gehören auch die pädagogischen Fachkräfte.			
Für Beschwerden gibt es eine Kindersprechstunde z.B. bei der Leitung.			
In der Kita wird eine Beschwerdekultur gelebt, die eine beschwerdefreundliche Praxis lebt und in der Beschwerden der Kinder von pädagogischen Fachkräften ernst genommen werden.			
Die Kinder haben die Möglichkeit sich auch über die Eltern an die Kita zu richten – dazu gibt es ein Beschwerdemanagement für die Eltern.			

2.2.2 Kriterien für eine gelungene Beteiligung von Kindern

Die Beteiligung von Kindern soll:

- transparent und informativ sein, damit Kinder sie verstehen und nachvollziehen können
- freiwillig sein, denn Kinder sind nicht verpflichtet, ihre Meinung zu äußern
- respektvoll sein, denn die Meinungen von Kindern müssen geachtet werden
- bedeutsam sein für die Bedürfnisse und den Erfahrungsschatz von Kindern

- kinderfreundlich sein, das heißt so gestaltet sein, dass sie für alle Kinder zugänglich sind und alle Kinder ermutigen
- inklusiv sein, damit alle Kinder ihr Recht auf Partizipation ohne Diskriminierung ausüben können
- unterstützt durch die Bildungsmaßnahmen für beteiligte Erwachsenen und Angehörige sein, um die Rechte des Kindes zu schützen
- schützend und feinfühlig sein in Bezug auf das Risiko, das mit Meinungsäußerungen einhergehen kann
- rechenschaftspflichtig sein mittels Rückmeldung, Monitoring und Evaluation (Feige, Günnewig 2018, S. 15)

2.2.3 Impulsfragen für das Kita-Team

- Wie werden Kinderrechte bereits im Kita-Alltag umgesetzt, wie kann es noch umfassender gelingen?
- Was tun wir für einen partizipativen und inklusiven Alltag?
- Wie selbstverständlich ist es für uns Kinder nach ihrer Meinung zu fragen?
- Sehen wir jedes Kind als Subjekt von Träger*in von Rechten?
- Wie erklären wir die Rechte der Kinder, wie setzen wir sie in Zusammenhang mit Regeln und Bedürfnissen? (Feige, Günnewig 2018, S. 18)

2.2.4 Beteiligungsmöglichkeiten im Alltag mit den Kindern

- Beteiligung im Morgenkreis und im Tagesablauf
- Beteiligung bei den Mahlzeiten
- Beteiligung in der Spielzeit
- Beteiligung bei geplanten Aktivitäten
- Beteiligung bei Festen
- Beteiligung in der Körperpflege
- Beteiligung beim Schlafen
- Beteiligung bei der Kleidungswahl
- Beteiligung bei der Festlegung von Regeln

Damit Kinder sich beteiligen können, braucht es entsprechende Strukturen im Alltag. Das kann passieren in Form von:

- Kinderkonferenzen
- Kinderparlamente
- Beschwerdeverfahren
- Projektplanungen mit Kindern

2.3 Verantwortungsträger: Team und Kita-Träger

Die Haltung der pädagogischen Fachkraft!

»Kinderrechte sollten ein verbindlicher Maßstab für die Gestaltung pädagogischer Beziehungen sein und somit eine verbindliche Leitlinie für professionelles Handeln« (Rudolf 2014, S. 30). Aber was bedeutet professionelles Handeln in der Arbeit mit Kindern ganz konkret und was verstehen wir unter professioneller Haltung auf dem Fundament der Kinderrechte?

Nentwig-Gesemann schreibt hierzu: »Mit dem Terminus ›professionelle Haltung‹ sind also konkret Orientierungsmuster im Sinne von handlungsleitenden (ethisch-moralischen) Wertorientierungen, Normen, Deutungsmustern und Einstellungen gemeint, die pädagogische Fachkräfte in ihre Arbeit und Gestaltung der Beziehungen einbringen. Das Bild vom Kind und das eigene professionelle Rollen- und Selbstverständnis gehören im Kern zu dieser Haltung« (Nentwig-Gesemann 2011, S. 10). Kinderrechte zu leben und in der pädagogischen Praxis erfahrbar zu machen, bedeutet damit auch die Auseinandersetzung mit sich selbst, mit der eigenen Haltung zu Kinderrechten sowie mit der pädagogischen Rolle als pädagogische Fachkraft (vgl. kindergarten heute 2018, S. 12).

Eine professionelle pädagogische Haltung sieht also zum einen die vollumfängliche Anerkennung von Kindern als Träger eigener Rechte vor und beinhaltet zum anderen die Verantwortung, dafür Sorge zu tragen, dass alle Kinder auch die Chance erhalten, zu ihrem Recht zu kommen.

In erster Linie ist es Aufgabe der Erzieher*innen, selbst **Vorbild** zu sein.

- Kinder orientieren sich an ihren Bezugspersonen und lernen, andere zu achten, indem sie selbst und mit ihren Rechten respektiert werden.
- Um Vorbild sein zu können, müssen pädagogische Fachkräfte ihre Haltung, die geprägt sein sollte von Wertschätzung und Respekt untereinander, den Kindern gegenüber immer wieder kritisch hinterfragen.
- Um Kindern das Wissen über ihre Rechte vermitteln zu können, ist es unerlässlich, dass die Fachkräfte selbst ihr Wissen über das Thema Kinderrechte erweitern.
- Schlussendlich muss der Alltag in den Kitas auch Rahmenbedingungen schaffen, in denen die Kinder die Möglichkeit erhalten, entsprechende Verhaltensweisen zu erproben. Dazu gehört zum Beispiel, dass Kinder in unterschiedlichen Situationen gezielt für ihre Rechte sensibilisiert werden, dass sie partizipativ am Alltagsgeschehen teilnehmen und dass sie ermutigt werden, ihre Gefühle und Gedanken mitzuteilen.

Um eine gemeinsame Position als Team den Kindern, aber auch den Eltern zu vermitteln, ist die **Verankerung** von Kinderrechten in den pädagogischen Konzeptionen der Einrichtungen und Qualitätsstandards der Träger hilfreich. Die Verankerung von Kinderrechten und die Umsetzung des Kinderrechteansatzes ist ein Zeichen für gute Qualität in Kitas. Prof. Dr. Jörg Maywald schreibt dazu: »Dienste und Einrichtungen, die für sich in Anspruch nehmen, qualitativ hochwertige Arbeit mit Kindern zu leisten, müssen sich daran messen, inwieweit sie zur Verwirklichung der Rechte von Kindern beitragen« (Maywald 2016, S. 32).

Autoritäre Erziehungsstile, die die Perspektiven von Kindern nicht in den Blick nehmen, können dem Anspruch der UN-KRK eher nicht gerecht werden. Der gegenteilige Erziehungsstil, als ein Laissez-faire Stil, in dem Kindern wenig bis keine Grenzen setzt, entspricht ihr aber auch nicht. Pädagogische Fachkräfte sollen vielmehr dialogisch und den Kindern wertschätzend und auf Augenhöhe begegnen. Es stellt hohe Anforderungen an pädagogische Fachkräfte, Kinder in ihrer Selbstbestimmung ernst zu nehmen. Damit leisten sie aber einen wertvollen Beitrag für die Entwicklung von Kindern, weil sie die Eigenverantwortung, Selbstständigkeit und Selbstwirksamkeit und die Gemeinschaftsfähigkeit fördern. Weiterhin werden zentrale kindlich Kompetenzen gestärkt. Kinder erleben sich als Träger eigener Rechte und erleben wie das Aushandeln von Regeln innerhalb einer Gemeinschaft funktionieren kann, wenn mein Gegenüber ebenfalls auf das Einhalten seiner Rechte pocht.

Kinderrechte schützen Kinder vor Gewalt und Missbrauch. Nur wer seine eigenen Rechte und Grenzen kennt, kann auch die Verletzung derselben als solche erkennen und benennen.

Träger sind verpflichtet die ihnen anvertrauten Kinder in besonderer Weise zu schützen und sie im Hinblick auf ihre Entwicklung zu fördern. § 45 Abs. 2 SGB VIII bekräftigt den Anspruch an Kindertageseinrichtungen, Kinder am Leben in der Einrichtung so zu beteiligen, dass ihre Rechte sichergestellt sind. (vgl. Deutscher Kinderschutzbund Landesverband NRW e.V. 2015, S. 7/8)

2.3.1 Impulsfragen

- Was weiß jede Person über die Kinder- und Menschenrechte?
- Was ist der Unterschied zwischen Bedürfnissen und Rechten?
- Welche Verbindungen gibt es zwischen den Inhalten der Kinder- und Menschenrechte und dem eigenen Leben und Alltag in der Kita?

- Welches Kinder- und Menschenbild hat jede*r Einzelne, aber auch die Einrichtung?
- Wie erfüllt die Einrichtung ihren Auftrag, Kindern das Recht auf Bildung und Förderung zu sichern?
- Wie wirken sich diese Dinge auf das Miteinander im Team aus, auf Meinungsverschiedenheiten, auf den Umgang mit unterschiedlichen Bedürfnissen und Sichtweisen? (Feige, Günnewig, S. 9)

2.3.2 Praktische Übung fürs Team

»Wer bestimmt wann mit«

Ziel der Übung ist darüber nachzudenken, wie Entscheidungsprozesse ablaufen. Die Übung dauert ca. 45 Minuten und jede*r Teilnehmer*in erhält eine grüne, blaue und orangene Karte. Informieren Sie das Team darüber, dass Sie einen Satz vorlesen und darüber eine Entscheidung getroffen werden muss. Bei der grünen Karte entscheiden die Erzieher*innen, bei der blauen Karte entscheiden die Kinder, bei der orangenen Erzieher*innen und Kinder gemeinsam.

Fragen können zum Beispiel sein:

- Wer entscheidet, was das Kind beim Rausgehen in der Kita anziehen muss?
- Wer entscheidet, wann, was und wieviel ein Kind in der Kita essen muss?
- Wer entscheidet, wann und wie lange ein Kind schlafen muss/darf?
- Wer entscheidet, ob ein Kind ein Angebot wahrnehmen muss?
- Wer entscheidet, wer mit wem spielen darf?
- Wer entscheidet, ob Kinder rausmüssen?
- Wer entscheidet, von wem das Kind gewickelt wird?
- Wer entscheidet, wie lange die Eingewöhnung dauert?
- Wer entscheidet, wie ein Kind Geburtstag feiert? (vgl. Deutsches Institut für Menschenrechte 2016, S. 87)

2.4 Die Rolle der Eltern

Die Zusammenarbeit mit den Eltern stellt einen wichtigen Baustein für die Umsetzung von Kinderrechten in pädagogischen Einrichtungen dar, denn die Familie ist und bleibt die wichtigste Sozialisationsinstanz für das Kind und verfügt entscheidend darüber, wie sich das Kind entwickelt. Pädagogische Einrichtungen müssen das berücksichtigen und zum Wohle des Kindes mit den Eltern zusammenarbeiten.

Der Respekt vor der Lebenswelt des Kindes aus Sicht der Erzieher*innen zum einen und die Wertschätzung der Eltern für die Leistung der Fachkräfte zum anderen ermöglicht dem Kind ein positives Bild von sich und der Welt zu entwickeln (vgl. Textor 2006, S. 12). Ziel einer gelungenen Bildungs- und Erziehungspartnerschaft ist die bestmögliche Förderung und Entwicklung eines jeden Kindes.

Somit ist auch die Zusammenarbeit im Hinblick auf die Umsetzung der Rechte der Kinder unerlässlich. Diese beginnt bei der Eingewöhnung und zieht sich im Alltagsgeschehen fort. Hierbei ist Transparenz ein wichtiges Stichwort, um einerseits die Rechte der Kinder zu schützen und andererseits die Interessen der Eltern ernst zu nehmen (vgl. kindergarten heute 2018, S. 23).

Hinweis

Wenn sich Einrichtungen dazu entschließen, Kinderrechte und Partizipation konzeptionell zu verankern, ist es unerlässlich die Eltern frühzeitig zu informieren und mit ins Boot zu holen, damit keine Irritationen auftreten, wenn Abläufe oder Entscheidungen verändert werden – auch um zu vermeiden, dass Kinder ins Spannungsfeld zwischen Eltern und Fachkräfte geraten.

Maximal viel Transparenz über den Prozess und auch die Einbeziehung der Eltern sorgt für mehr Akzeptanz bei den Eltern und stärkt die Erziehungspartnerschaft. Gerade beim Thema Selbstbestimmungsrecht der Kinder, zum Beispiel im Hinblick auf die Themen schlafen, essen und anziehen braucht es viel Erklärung und Erläuterungen wie diese Situationen gehandhabt werden, damit sich Eltern in ihren Sorgen ernst genommen fühlen.

»Um den Eltern ihre Bedenken zu nehmen, kann es hilfreich sein, ihnen genau zu berichten, wie ihr Kind dieses Recht nutzt und wie achtsam und fürsorglich zugleich die pädagogischen Fachkräfte es dabei begleiten.« (Hansen/Knauer/Sturzenhecker 2015, S. 122) Die Anerkennung und der Respekt von den Rechten der Kinder, aber auch die Achtung der unterschiedlichen Hintergründe und Meinungen der Eltern hilft einen gemeinsamen Nenner zu finden, Erziehungspartnerschaft wirklich zu leben und – im besten Falle – sogar in die häusliche Erziehung positiv hineinzuwirken.

2.5 Schutzkonzepte als Teil des Schutzauftrags

§ 1 Abs. 4 SGB VIII besagt, dass Jugendhilfe Kinder und Jugendliche vor Gefahren für ihr Wohl schützen soll. Dieser Schutzauftrag gilt sowohl für die Jugendämter als auch für alle anderen im Bereich der Kinder- und Jugendhilfe tätigen Einrichtungen und Dienste – also auch Kindertageseinrichtungen. Diese haben den Auftrag wichtige Anzeichen für Kindeswohlgefährdungen zu erkennen, das Gefährdungsrisiko unter Einbeziehung einer insofern erfahrenen Fachkraft einzuschätzen, bei Eltern auf die Inanspruchnahme von externen Hilfen hinzuwirken und gegebenenfalls auch das Jugendamt zu informieren.

Kinderschutzkonzepte sollen dazu dienen, die Sicherheit und das Wohlbefinden der Kinder in den Tageseinrichtungen zu gewährleisten und eine sichere Umgebung für ihr Aufwachsen zu schaffen.

2.5.1 Aspekte Kinderschutzkonzept

Folgende Aspekte dürfen in einem Schutzkonzept und in seiner Umsetzung nicht fehlen!

1. **Prävention:** Es werden präventive Maßnahmen ergriffen, um Risikofaktoren innerhalb der Einrichtung zu identifizieren und so Kindeswohlgefährdungen vorzubeugen. Dazu gehören zum Beispiel Schulungen für die Fachkräfte, um Warnzeichen zu erkennen und angemessen darauf reagieren zu können.
2. **Früherkennung:** Fachkräfte haben den Auftrag, aufmerksam zu sein und bei Verdachtsmomenten angemessen zu reagieren und diese zu melden. Zur Früherkennung und Risikoeinschätzung gehören die regelmäßigen Beobachtungen der Kinder und die Dokumentation der Beobachtungen.
3. **Intervention:** Allen in der Einrichtung tätigen Fachkräften müssen die Meldeverfahren bekannt sein, falls ein Verdachte auf Kindeswohlgefährdung besteht.
4. **Verhaltenskodex:** Die Fachkräfte erarbeiten gemeinsam einen Verhaltenskodex zum professionellen Umgang mit den Kindern und untereinander als Team, der von allen unterschrieben werden muss.
5. **Zusammenarbeit mit den zuständigen Stellen:** Im Schutzkonzept finden sich Verfahrensabläufe wie im Falle eines Verdachtes mit den Behörden zu verfahren ist.

2.5.2 Schutzauftrag in der Kita – eine Checkliste

Schutzauftrag in der Kita – eine Checkliste			
	ja	nein	geplant
Im Leitbild des Trägers ist die Bekennung zu den Kinderrechten fest verankert.			
Im Pädagogischen Konzept der Einrichtung wird ausdrücklich Bezug zu den Schutz-, Förder- und Beteiligungsrechten der Kinder genommen.			
Allen Mitarbeitenden der Einrichtung sind die Kinderrechte bekannt und stehen sowohl digital als auch ausgedruckt zur Verfügung.			
Die Umsetzung der Kinderrechte in der Kita wird als Teamaufgabe verstanden.			
In regelmäßigen Reflexionsrunden wird über die Umsetzung der Kinderrechte im Kita-Alltag gesprochen.			
Den Pädagogischen Fachkräften ist ihre Aufgabe als Vorbild und Verantwortungsträger für die Umsetzung der Kinderrechte bewusst.			
Die Pädagogischen Fachkräfte bekennen sich zu einer partizipativen Grundhaltung.			
Die Pädagogischen Fachkräfte bilden sich regelmäßig zum Thema Kinderrechte fort.			
In Einstellungsgesprächen mit neuen Mitarbeitenden wird die Bekennung zu den Kinderrechten ausdrücklich thematisiert.			
Die Kinder in der Einrichtung werden regelmäßig und altersgemäß über ihre Rechte informiert.			
Die Kinder werden an allen sie betreffenden Entscheidungen im Kita-Alltag altersgemäß beteiligt.			
Die Kinder kennen und nutzen alle ihnen zur Verfügung stehenden Beteiligungsverfahren in ihrem Kita-Alltag.			

Schutzauftrag in der Kita – eine Checkliste			
	ja	nein	geplant
Die Kinder verfügen über Beschwerdemöglichkeiten in der Kita.			
Die Sorgeberechtigten der Kinder kennen das Leitbild und das Konzept der Einrichtung mit dem deutlichen Bekenntnis zur Anerkennung der Kinderrechte.			
Regelmäßige Informationsveranstaltungen informieren Sorgeberechtigte über das Thema Kinderrechte.			
Beim Anmeldegespräch werden die Sorgeberechtigten darüber informiert, wie die Kinderrechte im Kita-Alltag gelebt werden.			
Eine partizipative Zusammenarbeit mit Sorgeberechtigten zum Wohle des Kindes wird gelebt.			
Die Kita verfügt über ein Schutzkonzept zur Prävention und Intervention bei seelischen, körperlichen und sexuellen Übergriffen auf Kinder.			

Literatur

Resolution der Generalversammlung (1948): Allgemeine Erklärung der Menschenrechte. https://www.un.org/depts/german/menschenrechte/aemr.pdf (Zugriff am 12.10.23).

Deutsche Liga für das Kind in Familie und Gesellschaft e.V. (2017): KindgeRECHT von Anfang an, Berlin.

Deutsches Institut für Menschenrechte (2016): Menschenrechte – Materialien für die Bildungsarbeit mit Jugendlichen und Erwachsenen, Berlin.
http://www.institut-fuer-menschenrechte.de/fileadmin/user_upload/Publikationen/Unterrichtsmaterialien/Menschenrechte_Materialien_fuer_die_Bildungsarbeit_mit_Jugendlichen_und_Erwachsenen.pdf (Zugriff am 12.10.23).

Deutscher Kinderschutzbund Landesverband NRW e.V. (2015): Mit uns kommen Kinderrechte in die Kindertagesstätte, Wuppertal.
https://docplayer.org/8558957-Mit-uns-kommen-kinderrechte-in-die-kindertagesstaette.html (Zugriff am 12.10.23).

Feige, J. und Günnewig, K. (2018): Kinder- und Menschenrechtsbildung in der Kita.
https://www.nifbe.de/images/nifbe/Fachbeitr%C3%A4ge/2019/KiTaFT_Feige_Guennewig_2018Kinder-undMenschenrechtsbildunginderKita.pdf (Zugriff am 12.10.23).

Hansen, R., Knauer, R., Sturzenhecker, B. (2015): Partizipation in Kindertageseinrichtungen – So gelingt Demokratiebildung mit Kindern, verlag das netz, Kiliansroda.

Maywald, J. (2016): Kinderrechte in der Kita – Kinder schützen, fördern, beteiligen, Verlag Herder, Freiburg.

Maywald, J. (2014): Recht haben und Recht bekommen – der Kinderrechteansatz in Kindertageseinrichtungen.
https://www.kita-fachtexte.de/fileadmin/Redaktion/Publikationen/KiTaFT_maywald_II_2014_1_.pdf (Zugriff am 12.10.23).

Maywald, J.: Auf dem Weg zur Kinderrechte-Kita, in: Das Leitungsheft, 2018.
https://www.herder.de/kiga-heute/leitungsheft/archiv/2018-11-jg/3-2018/auf-dem-weg-zur-kinderrechte-kita-kinderrechte-in-der-kita-verwirklichen-4/ (Zugriff am 12.10.23)

Maywald, J. (2022): Gewalt durch pädagogische Fachkräfte verhindern – Die Kita als sicherer Ort für Kinder, Verlag Herder, Freiburg.

Nentwig-Gesemann, I., Fröhlich-Gildhoff, K., Harms, H., Richter, S., (2012): Professionelle Haltung – Identität der Fachkraft für die Arbeit mit Kindern in den ersten drei Lebensjahren, Weiterbildungsinitiative Frühpädagogische Fachkräfte, WiFF Expertise, Band 24, München.

Peschel-Gutzeit, L.: Sollten Kinderrechte in das Grundgesetz aufgenommen werden?, in: DJI Impulse: Das Bulletin des Deutschen Jugendinstituts 3/2015, München.

https://www.dji.de/fileadmin/user_upload/bulletin/d_bull_d/bull111_d/DJI_3_15_Web.pdf (Zugriff am 12.10.23).

Rehmann, Y. (2018): Partizipation in der Krippe – Grundlagen und Anregungen für die Praxis.

https://www.kita-fachtexte.de/fileadmin/Redaktion/Publikationen/KiTaFT_Rehmann_2018-PartizipationinderKrippe.pdf (Zugriff am 12.10.23).

Statistisches Bundesamt: Kindertagesbetreuung

https://www.destatis.de/DE/Themen/Gesellschaft-Umwelt/Soziales/Kindertagesbetreuung/_inhalt.htm (Zugriff am 12.10.23).

Textor, M.R. (Hrsg.) (2006): Erziehungs- und Bildungspartnerschaft mit Eltern – Gemeinsam Verantwortung übernehmen, Verlag Herder, Freiburg.

Deutsches Kinderhilfswerk: Im Wortlaut. Die UN-Konvention über die Rechte des Kindes

https://www.kinderrechte.de/kinderrechte/un-kinderrechtskonvention-im-wortlaut/

(Zugriff am 12.10.23).

Über die Autorin

Jorina Senger ist Diplom-Pädagogin mit dem Schwerpunkt frühe Kindheit und unterstützt bereits viele Jahre Träger beim Aufbau und der pädagogischen Gestaltung von Kindertageseinrichtungen. Darüber hinaus arbeitet sie als Trainerin für Erzieher*innen und hält Vorträge rund um das Thema kindliche Entwicklung. Seit Jahren veröffentlicht sie Fachartikel zu pädagogischen Themen, insbesondere zum Thema Kinderrechte. Jorina Senger hat zwei Kinder und lebt mit ihrer Familie in Bergisch Gladbach.